BIBLIOTHÈQUE HISTORIQUE,
(ACTUALITÉS).

TROISIÈME LIVRAISON.

LE PRINCE
NAPOLÉON-LOUIS
1808. — 1836.

PRIX : 25 CENTIMES.

PARIS.

AU BUREAU CENTRAL,

RUE TAITBOUT, 12,

ET CHEZ TOUS LES MARCHANDS DE NOUVEAUTÉS.

1840.

Cette
notice Biographique
devait être précédée du portrait
du Prince
NAPOLÉON-
LOUIS,
Mais LA CENSURE
s'étant opposée à la publication de cette gravure, nous nous trouvons forcés de la remplacer par le présent avis.

LE PRINCE
NAPOLÉON-LOUIS.

1808 — 1836

> Les destins et les flots son changeans.
> BÉRANGER.

Depuis que le peuple avait proclamé et reconquis ses droits, que les royautés et les dynasties de souveraines étaient devenues vassales, après la malheureuse issue des affaires de la Bretagne et de la Vendée pour le Duc de Bordeaux, nous pensions qu'en

France le rôle des *Prétendans* était fini. Une récente et, nous l'espérons, dernière tentative vient de donner un vigoureux démenti à notre opinion. On ne lira peut-être pas sans intérêt la biographie de ce nouveau *Prétendant*.

Charles - Louis - Napoléon Bonaparte, second fils de Louis - Napoléon Bonaparte, frère de l'Empereur et Roi de Hollande, et de la Reine Hortense, fille de l'Impératrice Joséphine, est né à Paris le 20 avril 1808. Joséphine n'avait pas donné de fils à Napoléon; cependant personne encore dans la vaste étendue de l'Empire Français n'avait entrevu la possibilité d'un divorce ; aussi regardant les neveux de l'Empereur comme autant de rejetons qui devaient perpétuer sa race et sa gloire, le peuple accueillait-il avec enthousiasme leur venue. Le Prince Charles-Louis-Napoléon était en vertu du plébiscite de l'an XII, le second héritier de l'empire. La grande voix de l'artillerie salua sa naissance et en porta la nouvelle, en se répétant d'échos en échos, dans toutes les villes de l'immense Empire. A cette occasion un registre de famille, destiné aux enfans de la nouvelle dynastie, fut déposé aux archives du sénat, comme le grand-livre des droits de successibilité. Le Prince Louis y fut inscrit le premier; trois ans plus tard le Roi de Rome y prenait place après lui ; et le Grand-livre se refermait ensuite à jamais.

Etrange destinée! de ces deux Princes entrés dans la vie avec tant de pompe, et tant de sympathies, l'un est mort colonel autrichien et seulement héritier du *Cancer* de son père; et l'autre proscrit, au lieu du trône qu'il devait occuper au Tuileries, attend, sous les verroux, ce qu'un tribunal va décider à son égard.

Ne dirait-on pas qu'aux fils est fatalement réservée la mission d'expier la gloire de leur père ? .

Le Prince-Louis fut baptisé en 1811, au palais de Fontainebleau, par le Cardinal Fesch, et tenu sur les fonds de baptême par Napoléon et l'Impératrice Marie-Louise.

La Reine Hortense voulut elle-même diriger l'éducation de son fils; le jeune Prince fut élevé d'une manière toute lacédémonienne. Sa mère avait pour principe qu'il faut être homme avant d'être Prince, et que l'élévation du rang n'est qu'une obligation de plus envers ses semblables. « Dans le siècle où nous sommes, disait-elle, qui peut savoir ce que nous réserve l'avenir ? Napoléon est une comète dont nous ne sommes que la queue; il faut le suivre sans savoir où il nous porte, mais en ayant toujours les yeux fixés sur la roue de la fortune, tantôt en haut, tantôt en bas. » Tous ses efforts tendirent donc à lui donner quelque valeur autre que celle de son nom, inhérente à lui-même. Destiné à régner et à commander des armées, il fut de bonne heure élevé sans mollesse et comme un enfant du peuple. Son éducation fut virile et forte. Une attention scrupuleuse présida au choix de ses premiers maitres; et la Reine Hortense, cette femme si douce et si aimante, puisa dans la tendresse qui aveugle si souvent les autres mères, la force nécessaire pour conduire son fils dans cette voie, et résister aux prières de l'Impératrice Joséphine, qui trouvait que son enfant de prédilection était trop rudement élevé.

Napoléon conserva toujours pour ses neveux l'affection la plus vive, et la naissance du Roi de Rome ne porta aucune atteinte à la tendresse vraiment paternelle qu'il avait vouée au Prince Louis.

A son retour de l'Ile d'Elbe, alors que les égoïstes calculs d'une impitoyable diplomatie retenaient loin de lui son fils prisonnier, avec quel bonheur ne retrouva-t'il pas ses jeunes neveux sur lesquels reposaient alors toutes ses espérances d'avenir! Tout cet amour, toutes ces caresses, dont il aurait comblé le Roi de Rome, il les reportait sur ceux qui lui en tenaient lieu. L'Empereur saisissait toutes les occasions qui s'offraient à lui, de les montrer au peuple comme ses héritiers possibles, car sa tendresse ne lui cachait pas le tempérament débile de son fils et il n'osait pas espérer que Dieu protégeant sa jeune dynastie, accorderait à cet enfant les jours et la force nécessaires pour continuer son œuvre.

Dans l'imposante cérémonie du champ de mai, lorsque l'Empereur accepta au commencement des cent-jours, l'acte additionnel, ses deux neveux étaient à ses côtés, et le peuple, dont l'amour s'était retrempé aux malheurs de l'homme providentiel qui lui avait donné tant de gloire, applaudissait avec joie, adoptant ainsi les Princes que Napoléon lui présentait en les élevant dans ses bras.

La France succomba enfin à Waterloo sous la trahison plus encore que sous le nombre et la force; l'arrêt d'exil fut prononcé contre toute la famille Impériale, par les confédérés du Nord. Le Prince *Napoléon-Louis* avait alors sept ans, et déjà sa jeune intelligence comprenait toute l'étendue du malheur qui l'accablait. Nous avons vu des personnes témoins de sa douleur et de ses larmes, lorsque l'Empereur avant de partir pour Rochefort, vint pour la dernière fois l'embrasser à la Malmaison; il ne voulait pas se séparer de son oncle, il se cramponnait dans ses bras; il voulait aller avec lui

Tirer le Canon. Et ce héros, tombé récemment sous les coups d'un malheur que la pensée humaine ne peut ni apprécier ni mesurer, et qui cependant restait inébranlable et stoïque comme un roc sous les efforts redoublés de la tempête, à la vue de la douleur de cet enfant, ne put retenir ses larmes.. ...

On dit que cette scène ne s'est jamais effacée de la mémoire du Prince Louis et qu'aujourd'hui encore il ne peut se rappeler sans une vive émotion cette cruelle séparation.

Cependant la reine de Hollande, devenue duchesse de Saint-Leu, reçut un ordre brutalement conçu et signé Muffling, *Gouverneur de Paris*, qui lui enjoignait de quitter la capitale dans les vingt-quatre heures et lui accordait trois jours pour sortir de France. Elle partit avec son fils.

Augsbourg fut la première résidence des deux proscrits. Tombée du faîte où le sort l'avait élevée, sans aucune espérance de jamais remonter les dégrés du trône, Hortense n'eut rien à changer au système d'éducation qu'elle avait choisi pour son fils. Cette éducation convenait à tous les états; son but, dès le principe, avait été, comme nous l'avons dit, d'en faire un homme. La direction des études du Prince *Louis*, fut confiée à M. Lebas., fils d'un député à la convention nationale, profs-seur à l'athénée de Paris, et maître de conférences à l'école normale. Le Prince fit ses humanités en Allemagne, et bientôt les langues mortes et les langues vivantes lui devinrent familières. La Reine Hortense qui n'avait choisi la ville d'Augsbourg que pour la commodité qu'elle offrait à l'éducation de son fils, sollicita un passeport qui lui permît de traverser la Suisse et d'aller de se faire pardonner par les puissances étrangères son origine révolutionnaire. On fit en sorte de leur persuader qu'il n'y avait rien de changé en France qu'une dynastie, à la suite d'une ***catastrophe imprévue***. La loi de proscription contre la famille de Napoléon, continua donc d'être exécutée dans toute sa rigueur. Qu'en arriva-t'il ? c'est que le prince s'imagina qu'on le redoutait, et cette pensée accrut son importance; il conclut de la crainte que la famille Impérial inspirait, qu'il y avait en France un parti Napolénien, qui n'attendait qu'un chef pour se mettre à sa tête! Nous ne voulons ni louer nibl âmer la conduite de nos ministres et de nos députés d'alors; mais ne peut-on pas penser que s'ils avaient témoigné plus de confiance dans la force et la légitimité de l'ordre nouvellement établi, moins de terreur de ce nom que la France honorera toujours dans ceux qui le portent, qu'elle révérera toujours dans l'histoire, comme la plus imposante personnification de sa gloire, mais dont elle n'attend et ne demande plus rien pour l'avenir ; ne peut-on pas penser, disons-nous, que l'idée ne serait jamais venue au Prince Louis de se poser en *Prétendant ?* Ne peut-on pas par conséquent, accuser le gouvernement d'avoir été l'instigateur involontaire des entreprises formées par lui, pour reconquérir un trône auquel il croit être appelé par la majorité du pays, en vertu du Plébiscite de l'an XII ! Les calculs de la politique trompent souvent; la crainte que l'on témoigne de son ennemi double d'autant sa force et ses espérances.

Louis Napoléon ne vit plus dès lors dans le gouvernement Français qu'un adversaire, et dès lors germa dans son esprit la pensée de chasser celui à qui il se croyait en droit de donner le nom d'usurpateur. Dès lors aussi il voulut prouver au peuple Français qu'il aimait la liberté et qu'il était capable de la défendre les armes à la main.

Le sol était brûlant en Italie; l'exaltation de la Liberté enflammait tous les cœurs. Les Italiens espérant qu'un gouvernement sorti d'une révolution protégerait le peuple qui se leverait pour la conquête des mêmes principes, prirent tout-à-coup les armes et se préparèrent à combattre. Le Prince Louis était venu passer l'hiver à Rome avec sa mère. Dans de telles circonstances, sa présence excita les craintes du gouvernement Papal; sa liberté n'était plus en sureté. Il fut obligé de fuir pour échapper aux actives poursuites de la police romaine. Il se refugia à Florence, où déjà depuis long-temps son frère se livrait à des travaux philosophiques.

Les habitans de la Romagne s'insurgèrent; ils voulurent briser le joug que l'Autriche fesait peser sur l'Italie. Les insurgés appelèrent dans leurs rangs les deux neveux de l'Empereur, qui répondirent avec joie à leur appel. Dans cette occasion, le Prince Louis fit preuve de talens véritables et d'un grand courage. Contrarié par les chefs de l'insurrection, dont la lenteur eût fait manquer le plan le plus habilement combiné, il ne recula pourtant pas. Il parvint à mettre un canon en état de service et suivi de quelques hommes qui vinrent se ranger à ses côtés, il marcha en avant, et Civita-Castellane tomba en son pouvoir. Le ministre de la guerre nommé par l'insurrection eut peur de tant d'audace, et il donna l'ordre au Prince de suspendre ses attaques. Affligé de cette prudence intempestive qui ne comprenait pas qu'en révolution il faut avant tout frapper fort,

2*

épouvanter l'ennemi, ne pas le laisser respirer, se multiplier pour le harceler, le poursuivre, lui faire croire par la rapidité de la marche, que tous les lieux sont à vous le Prince revint à Boulogne, et tâcha de secouer l'apathie des chefs. Il y eut en cette circonstance un combat assez vif où le Prince Louis et son frère ne ménagèrent pas leur vie. Mais les Autrichiens avaient eu le tems de se reconnaître, de calmer leurs craintes, toute terreur panique était déjà passée; l'insurrection était vaincue. Les indépendans se replièrent sur Forli, et pendant leur retraite ils fesaient entendre les cris de *Vive-Bonaparte!* mêlés à ceux de *Vive la Liberté!*

Ce fut à Forli que le frère du Prince Louis mourut en quelques heures d'une maladie violente.

Ce n'est qu'à partir de cette époque que le Prince Charles-Louis-Napoléon Bonaparte signe Napoléon-Louis. En changeant ainsi sa signature, il n'a fait qu'obéir à la volonté de l'Empereur, qui avait décidé que l'ainé de la famille s'appellerait toujours Napoléon. Le Prince se conformait d'ailleurs aux désirs de son père, de sa mère et aussi de la mère du héros, dont il se présente comme l'héritier. Nous ne parlerons par de la douleur qu'il fit éclater lorsque son frère n'eut plus laissé dans ses bras qu'un corps inanimé Les actes politiques de Napoléon-Louis appelleront sans doute sur lui le blâme de l'histoire, mais homme privé, fils ou frère, il restera toujours digne des respects de ses contemporains.

L'affection dans laquelle il était plongé ne put cependant lui faire oublier l'engagement qu'il avait pris de mettre ses talens et son épée au service des indépendans. Sa conduite devenait alors du dévoûment; car à ses yeux, comme aux yeux de tous, la cause des défenseurs de la liberté Italienne succombait encore une fois ; et il était impossible de prévoir dans l'avenir le terme marqué pour son triomphe. En effet le principal secours sur lequel avaient compté les insurgés leur manquait tout-à-coup; ils avaient espéré qu'à défaut d'armes, la France leur prêterait au moins la voix de sa diplomatie, et le gouvernement Français toujours prêt à s'incliner devant les puissances Européennes pour capter leur bienveillance, leur sacrifia encore l'indépendance de l'Italie. Le Prince Napoléon-Louis voyant le gouvernement Français comprimer l'élan de l'opinion publique et s'engager dans une voie contraire à la voie désignée par elle, laissa se développer dans son esprit la pensée que le peuple Français échangerait facilement le pouvoir établi contre un pouvoir qui se proclamerait propagandiste et révolutionnaire. Et s'il faut chercher à toutes les actions d'éclat un mobile secret ce serait à cette pensée peut-être qu'il faudrait attribuer le courage et la constance dont il fit preuve alors. La retraite fut ordonnée par les chefs de l'insurrection, elle s'opéra sur Ancône. Les Indépendans ne durent plus songer qu'à la fuite pour échapper aux vengeances combinées de Vienne et de Rome. Accablé d'épuisement et de fatigue, le cœur déchiré par la perte de son frère et de ses illusions, car il voyait s'évanouir l'avenir brillant que lui préparait l'Italie délivrée et régénérée par lui, Napoléon-Louis tomba malade à Ancône. En proie à une fièvre brûlante il ne trouvait de soulagement à ses douleurs que dans les soins attentifs et les caresses de sa mère, accourue auprès de son enfant bien-aimé. Mais bientôt la mère et le fils semblèrent devoir perdre tout espoir de salut. L'armée Autrichienne venait de s'emparer d'Ancône. Dans cette affreuse conjoncture, la duchesse de St-Leu déploya une grandeur d'ame, un courage, dont l'amour maternel est seul capable. Son cœur ne se laissa pas un seul instant abattre par la crainte ; elle résolut de sauver le seul fils qui lui restait. Pour mettre en défaut les recherches actives des Autrichiens, elle fit répandre le bruit que n fils était parvenu à s'échapper et qu'il voguait vers la Grèce. Logée auprès du commandant des troupes Autrichiennes, elle parvint à dérober son fils malade et alité à tous les yeux. Seule elle veillait à son chevet, seule elle lui prodiguait tous les soins que sa position exigeait. Enfin le jeune Prince recouvra quelques forces et put supporter les fatigues d'un voyage. A l'aide d'un déguisement et d'un passeport anglais, ils s'évadèrent. Pour éviter de tomber entre les mains des ennemis, ils furent obligés de traverser une grande partie de l'Italie. Diminuant le danger par son audace, pour ramener plus facilement le Prince dans la retraite qu'elle avait en Suisse, elle osa braver la loi du 12 mai 1816 et arriva tout d'une traite à Paris le 20 mars. La Reine écrivit elle même au Roi une lettre pour lui annoncer son arrivée et celle de son fils. Elle prit un appartement rue de la paix, à quelques pas de la colonne Impériale. Le lendemain en réponse à la lettre qu'elle avait écrite au Roi, elle reçut la visite du Président du Conseil, Monsieur Casimir-Périer. Le jeune Prince ne put assister à leur conversation étant encore forcé de garder le lit.

Entr'autres particularités de cette conversation, la Reine ayant dit à M. Périer :
— Je sais bien que j'ai transgressé une loi, j'en ai pesé toutes les conséquences, vous auriez le droit de me faire arrêter : ce serait juste

Le Ministre l'interrompit, en lui disant:
— Juste, non ; légal, oui.

La Reine eut le lendemain une entrevue avec Louis-Philippe ; elle fut menée aux Tuileries par M. d'Houdetot.

La Duchesse de St-Leu avait demandé l'autorisation d'aller prendre les eaux de Vichy au lieu de celles de Plombière, qu'elle préferait comme étant sur la route de Suisse. Quelques jours après elle reçut les instructions définitives du Président du Conseil, qui les terminait aussi : « Quant à vous personnellement, on s'habituera peu à peu à vous voir ; mais pour votre fils son nom y serait un obstacle. Il faudrait qu'il le quittât. Nous sommes obligés de ménager les puissances étrangères ; nous avons tant de partis différens en France, que la guerre nous perdrait. »

Quand la Reine répéta ces mots à son fils, le Prince indigné et faisant un effort pour se lever de son lit de douleur, s'écria avec véhémence:

— « Quitter mon nom, moi ! et on a pu vous faire une pareille proposition ! Ah ! ma mère, retournons en Suisse ! »

On avait accordé trois jours encore à la Reine. Avant de s'éloigner Napoléon-Louis écrivit lui-même au Roi une lettre pleine de noblesse, et dans laquelle il l'appelait le *représentant de la grande nation*.

Il réclamait dans cette lettre le titre de citoyen Français; titre dont la restauration l'avait dépouillé, il sollicitait la faveur de pouvoir servir dans les rangs de l'armée Française; il se vantait d'avoir en Italie embrassé et défendu la même cause, pour laquelle le peuple Français s'était levé.

Sa lettre ne reçut pas de réponse. Il partit donc avec sa mère pour l'Angleterre. Là, comme il l'avait fait en Allemagne et en Suisse, le Prince voulut donner à son tems un emploi utile ; il visita et étudia avec attention les établissemens industriels et scientifiques. En vain la haute aristocratie anglaise s'empressa-t-elle de lui témoigner de la considération et de la sympathie, il ne voulut rien devoir, hors une hospitalité payée, au peuple qui avait accepté la mission d'assassiner l'Empereur. Au mois d'août 1831, le Prince était de retour en Suisse, et recevait des Polonais une députation secrète, qui le sollicitait de se mettre à la tête de la nation insurgée contre le pouvoir oppresseur de Nicolas. Le Prince n'accepta pas cette proposition, et une gloire plus brillante que celle que lui auraient procurée cent victoires doit jaillir pour lui de ce refus. Les sentimens qui le motivèrent sont grands et nobles. Il craignit qu'en le voyant à la tête de l'insurrection, le gouvernement Français, décidé peut-être à protéger un peuple frère et ami, ne prît ombrage de sa présence et ne refusât des secours que Napoléon-Louis croyait tout prêts. Le sacrifice de gloire que fesait alors le prince était inutile et ne devait porter aucun fruit ; la France abandonna la Pologne qui succomba.

Nous croyons devoir citer un passage de la lettre que le prince avait reçue :

« A qui la direction de notre entreprise
« pourrait-elle être mieux confiée qu'au
« neveu du plus grand capitaine de tous
« les siècles ? Un jeune Bonaparte, appa-
« raissant sur nos plages, le drapeau trico-
« lore à la main, produirait un effet mo-
« ral dont les suites sont incalculables.
« Allez donc, jeune héros, espoir de notre
« patrie ; confiez à des flots qui connaî-
« tront votre nom la fortune de César, et
« ce qui vaut mieux, les destinées de la
« liberté. Vous aurez la reconnaissance de

« vos frères d'armes et l'admiration de
« l'univers.

« 28 août 1831.

« Le général KNIAZEWIEZ,

« Le comte PLATER, etc. »

Napoléon-Louis voyant le tems s'écouler, la Pologne faiblir, et la France impassible dans son immobilité, résolut de laisser de côté les considérations qui l'avaient retenu ; il allait partir pour la Pologne, lorsqu'il apprit la chute de Varsovie. Sa conduite envers les débris polonais prouve combien il prenait à cœur leurs infortunes ; sa bourse fut ouverte à tous ceux qui passaient par Constance. Au comité polonais de Berne, il envoya un nécessaire en vermeil qui avait appartenu à l'Empereur. Il s'en fit une loterie qui produisit 20,000 francs.

En lui témoignant sa reconnaissance le comité lui écrivit :

« Nous serions bien heureux s'il nous
« était possible de suivre l'impulsion de nos
« cœurs et de conserver comme un souve-
« nir sacré un objet qui jadis appartenait
« au grand homme dont les Polonais, qui
« ont eu le bonheur de combattre sous
« ses ordres, déplorent d'autant plus la
« mort, qu'ils sont persuadés que, lui vi-
« vant, la Pologne n'eût point été condam-
« née à d'horribles supplices, et ses enfans
« à un long et douloureux exil.

« Cinq cents réfugiés Polonais, pénétrés
« de sa généreuse sollicitude, ont l'hon-
« neur de présenter les sentimens du plus
« profond respect à l'illustre descendant
« de l'Empereur Napoléon.

« Le 6 août 1835. »

Au comité de Paris présidé par M. de Lafayette il fit l'offrande d'un magnifique sabre damassé, sur la lame duquel étaient gravés les emblêmes du Consulat et de l'Empire réunis.

A la mort du duc de Reichstadt, le prince Napoléon-Louis héritier direct par ce fait de la fortune politique de l'Empereur, ne pouvait manquer d'avoir des droits à la surveillance de l'Europe absolutiste. On prétend qu'à cette occasion plusieurs agens diplomatiques, entr'autres un premier secrétaire de l'ambassade française à Londres, homme de confiance de Talleyrand, furent envoyés en Turgovie, pour mieux sonder les dispositions du prince; mais, par sa conduite calme et tranquille, il parvint à déjouer cet espionnage politique, et se livra avec ardeur aux travaux les plus sérieux.

Ici commence la carrière littéraire de

Napoléon Louis. Dès le mois de mars 1832, il avait fait paraître ses *rêveries politiques*, ouvrage d'une tête jeune encore et ardente, et dans lequel le bon et le mauvais se trouvent mêlés. Un peu plus tard, il publia une brochure fort remarquable sous ce titre : *Considérations politiques et militaires sur la Suisse.* Ce livre annonçait un publiciste de grand talent; elle fit une sensation profonde. La difficulté du travail n'avait pas un seul instant rebuté le jeune auteur. Les constitutions des différens cantons y sont examinées, étudiées, analysées avec clarté et méthode; de hautes vues brillent dans cet ouvrage. La Suisse l'accueillit avec joie, et, pour récompenser son auteur, le gouvernement helvétique lui décerna à l'unanimité le titre honorifique de citoyen de la république. Nous devons faire observer que ce titre n'entraîne pas la naturalisation ; Napoléon-Louis l'eût refusé si cette condition y avait été attachée.

La popularité du prince croissait chaque jour en Suisse, et bientôt il obtint une nouvelle preuve de la faveur dont l'environnaient ses nouveaux concitoyens. Dans le mois de juin 1834, il reçut le brevet de capitaine d'artillerie au régiment de Berne.

La conduite prudente et sage du prince Napoléon porta ses fruits. Lorsque la cause constitutionnelle eut triomphé en Portugal et que la jeune reine dona Maria eut été rétablie sur le trône, des Portugais de grande distinction portèrent les yeux sur lui, et émirent l'avis de le donner pour époux à leur souveraine, trouvant dans le caractère loyal et énergique du prince l'appui dont avait tant besoin un royaume encore si peu consolidé. Des démarches furent faites auprès de lui, il refusa, basant son refus sur une raison pleine de dignité et de patriotisme. Il répondit qu'il ne consentirait jamais à accepter aucune élévation qui pourrait dans l'avenir séparer son sort et ses intérêts de ceux de la France.

On prétend aussi qu'il donnait une autre raison de son refus : « Il ne voulait pas, « disait-il, faire concurrence à son cousin, « le prince de Leuchtemberg, fils du prince « Eugène. »

Après la mort si prompte du jeune époux de Dona Maria, les mêmes instances furent répétées auprès du prince. Comme la première fois, elles le trouvèrent inébranlable dans sa résolution. On peut voir à ce sujet une lettre de lui insérée dans les journaux de décembre 1835.

Vers cette même époque, il fit paraître son *Manuel d'artillerie pour la Suisse*. Quelques journaux, entr'autres, le *spectateur militaire*, ont parlé avec éloge de ce travail. Ces éloges ont trouvé du retentissement dans tous les pays de l'Europe, et aujourd'hui encore ce livre passe pour le meilleur Manuel d'artillerie qui ait été fait.

La bienfaisance du Prince Napoléon ne s'exerçait pas seulement sur les proscrits de la Pologne. Nous aurions bon nombre de traits à citer de sa bienveillance envers des bannis Français.

« Je m'adresse à vous, lui écrivait l'un, non point parce que vous êtes prince, car nous ne reconnaissons aucuns de ces privilèges de naissance ; je ne m'adresse point à vous comme chef d'un parti, dont je ne partage ni les vues ni les espérances ; mais je m'adresse à vous comme proscrit. Vous êtes riche, et les malheurs qui m'ont frappé ont épuisé mes ressources pécuniaires. Voyez si vous pouvez répondre à l'appel d'un franc et loyal Républicain. »

De telles paroles trouvèrent de l'écho dans le cœur du Prince et sa bourse s'ouvrit immédiatement et sans conditions pour l'exilé.

Tout, jusqu'ici, dans la conduite du prince Napoléon-Louis, avait été marqué au coin de la sagesse et de la prudence; tout annonçait en lui un esprit supérieur, en garde contre les suggestions des partis; il paraissait supporter avec courage et résignation cet injuste ostracisme qui fait des Bonaparte les Parias de l'Europe absolutiste, et attendre avec confiance le jour où les portes de la France s'ouvriraient enfin devant lui, lorsqu'un séjour qu'il fit à Bade, changea tout-à-coup ses résolutions et le fit se précipiter dans la dangereuse carrière où il s'est engagé, et où, au lieu d'un trône qu'il voulait reconquérir, il n'a rencontré qu'une prison.

Nous compléterons, dans notre prochaine livraison la biographie du prince Louis, par la relation des événemens de Strasbourg et de Boulogne. Aujourd'hui donc l'éloge, demain le blâme, mais le blâme sans fiel et sans haine ; car nous serons toujours portés à abriter le neveu sous la grande ombre de l'oncle. Le prince Louis est placé maintenant sous le glaive menaçant de la loi ; nous nous garderons bien de venir en aide à l'accusation.

O. F.

Imp. de P; Baudoin, rué des Boucheries-St-G.

EN VENTE :

1re Liv. **MÉHÉMET-ALI**,
Vice-Roi d'Egypte.

2me Liv. **IBRAHIM-PACHA**.

SOUS PRESSE :

4me Liv. LE PRINCE NAPOLÉON-LOUIS
1836. — 1840.

NAPOLÉON,

POÈME HISTORIQUE EN DIX CHANTS,

PAR

JOSEPH **BONAPARTE**, frère aîné
de l'Empereur,

Avec un Portrait de l'Empereur, par CHARLET.

Prix : 5 francs.

CHEZ A **GARDEMBAS**, LIBRAIRE-ÉDITEUR,
10, Rue de l'École-de-Médecine,

ET

12, Rue Taitbout.

Imp. de P. BAUDOUIN, rue des Boucheries-Saint-Germain, 38.

www.ingramcontent.com/pod-product-compliance
Lightning Source LLC
Chambersburg PA
CBHW060707050426
42451CB00010B/1314